Original title:
Die Kleine Stimme

Copyright © 2024 Book Fairy Publishing
All rights reserved.

Editor: Theodor Taimla
Author: Samira Siil
ISBN HARDBACK: 978-9916-756-36-2
ISBN PAPERBACK: 978-9916-756-37-9

Herzenspoesie

In der Stille der Nacht, so still und rein,
Flüstert die Seele ein leises Sein,
Träume weben ein zartes Band,
Zwischen Mondlicht und Sternenland.

Liebe fließt wie ein sanfter Bach,
Durch die Täler von Tag und Nacht,
Herzen finden im Dunkeln Licht,
Ein Leuchten, das nie zerbricht.

Gedanken fliegen wie Vogelschwingen,
Suchend nach dem einen Ding,
Das uns hält und uns trägt,
Wenn das Leben sich doch regt.

Ein Kuss im Wind, so zärtlich sacht,
Erzählt von Hoffnung und von Macht,
Ein Flüstern in des Lebens Lauf,
Ein Versprechen: Hör niemals auf.

Herzen schlagen in Harmonie,
Eine Melodie, ganz ohne Müh,
Poesie, die die Zeit überwindet,
Und uns in Ewigkeit verbindet.

Verborgene Symphonien

In stillen Ecken, wo Schatten verweilen,
Malen Klänge Bilder im Dämmerlicht.
Verborgene Noten durch die Lüfte eilen,
Ein leiser Tanz, der aus der Stille bricht.

Die Bäume flüstern alte Melodien,
Verschlungene Harmonien im Wind.
Ein Orchester, das nur die Nacht kann sehen,
Geheimnisvolle Lieder, die wir sind.

Sterne weben zarte Symphonien ein,
Ein leuchtend Band von Zeit und Raum.
In jeder Note, so klar und rein,
Hört man das Summen von Ewigkeitstraum.

Stilles Rufen

Ein Hauch von Flüstern in der Nacht,
Träume wiegen sich im stillen Licht.
Ein sanfter Ruf, der leise wacht,
Ein Echo, das durch die Stille bricht.

In Nebelschwaden birgt sich ein Lied,
Von Sehnsucht geweckt, zart und fein.
Ein Zug der Sterne, der uns umzieht,
Ein stilles Rufen, das klingt allein.

Die Ruhe trägt die Stimmen fern,
Zu Herzen, die lang vermisst.
Ein unsichtbares Band, dem wir gern,
Folgen in das unendliche List.

Herzraunen

Im Herzen klingt ein lautloses Lied,
Von Liebe und Sehnsucht tief erfühlt.
Es raunt von Zeiten, die man vermied,
Und Träumen, sanft ins Licht gehüllt.

Ein Flüstern, das die Seele berührt,
Verwebt sich zart in jedes Sein.
Ein Puls, der durch die Adern führt,
Durch Raum und Zeit, durch dich und mein.

Die Stimmen in des Herzens Tiefen,
zart und still, doch wohlvertraut.
Ein Raunen, das aus Tiefen riefen,
Zart vernommen, ewig laut.

Zeitlose Flüstern

Durch Spalten der Zeit weht ein Flüstern,
Ein Wispern, das die Antike kennt.
Es trägt Geschichten, alt und düstern,
Im Äther, wo die Ewigkeit brennt.

Schatten tanzen in zartem Licht,
Ein Echo von längst vergangenen Tagen.
Zeitlose Stimmen, die man spricht,
Verwoben in des Raumes Fragen.

Die Uhren schweigen im endlosen Klang,
Unendlich ist das Lied der Zeit.
Ein Flüstern, das wie Nebel drang,
Durch das Herz der Ewigkeit.

Zarte Fäden

Zarte Fäden wirken leise,
Weben sich durch Zeit und Raum,
Fließen sanft in stiller Weise,
Wie ein ungelebter Traum.

Nächte tragen sie im Schweigen,
Geben Träumen einen Sinn,
Herzen, die im Dunkeln neigen,
Hoffen, dass sie ewig sind.

Jeder Atemzug ein Streifen,
Jedes Lächeln ein Geweb,
Liebe, die wir sanft ergreifen,
Wird durch Fäden sanft belebt.

In den Tagen voller Eile,
Weben Fäden Licht und Klang,
Führen uns durch jedes Tal,
Wenn der Weg erscheint zu lang.

Flimmernde Klänge

Flimmernde Klänge durch die Lüfte,
Tanzen sacht in goldenem Licht,
Hüllen ein die stillen Düfte,
Wenn der Abend Frieden spricht.

Jeder Ton ein Stern, der duftet,
Jede Note wiegt uns ein,
Wenn die Nacht zum Himmel ruft,
Sind wir im Klang nicht mehr allein.

Winde tragen sanfte Lieder,
Flimmernd durch die Zeit hinaus,
Finden wir uns immer wieder,
Selbst im Herzen unseres Haus.

Klagen weichen entfernten Sehnsucht,
Flimmernd wie ein Traumbild glanz,
Und die Klänge als Vermächtnis,
Werden Teil des Weltenkranz.

Heimliche Seufzer

Heimliche Seufzer in der Stille,
Klingen leise durch die Nacht,
Weisen sanft auf weiche Kissen,
Wo die Seele heimlich wacht.

Wünsche flüstern durch die Hülle,
Reisen leise in das Meer,
Denn der Seufzer voller Fülle,
Trägt das Herz ein wenig mehr.

Sehnsucht, die sich sanft entfaltet,
Führt uns in die Traumwelt ein,
Wenn der Sternenhimmel malt,
Wird der Seufzer selig sein.

Leise Worte ungeboren,
Sanft in dunkler, stiller Lust,
Seufzer, die wir kaum verloren,
Rühren tief in unsrer Brust.

Verborgene Melancholien

Verborgene Melancholien,
Schweben sanft im stillen Raum,
Wie ein Hauch von fernen Hie'n,
Lösen sich im dichten Traum.

Düstere Gedanken tanzen,
Kreisen still in schweigender Nacht,
Hüllen ein das Herz, das Chancen,
In der Dunkelheit erwacht.

Doch in Trauer keimt das Licht,
Weil das Sehnen in uns pocht,
Selbst im tiefsten Innern nicht,
Ist die Hoffnung uns verkocht.

Sanfte Melancholien schweben,
Tragen wir im Herzen fort,
Denn in ihnen leise Leben,
Klingt ein stilles, ew'ges Wort.

Unsichtbares Flüstern

Im Schatten der Nacht verborgen,
flüstert der Wind leise,
ein Geheimnis wird geboren,
erzählt in zarter Weise.

Ein Wispern durch die Zweige,
wie Stimmen aus der Ferne,
es sind so gleiche Neige,
die ich im Dunkeln lerne.

Schritt für Schritt im Traumland,
wo Schatten sanft sich neigen,
führt das Flüstern meine Hand,
ins Licht, dem Morgensegen.

Verborgene Pfade leiten,
mein Herz in fried'ger Stille,
bis funkelnde Sterne begleiten,
das Flüstern, bis ich schlafe will.

Unsichtbare Worte klingen,
im Herzen tief verankert,
wie Lieder, die nur wenige singen,
wurd' ich von ihnen umrankert.

Sensible Töne

In der Tiefe des Herzens,
wo leise Stimmen wohnen,
schweben oft die Schmerzen,
in zarten Tonfacetten.

Ein leichtes Rauschen im Winde,
trägt Melodien sanft,
die Seele, die ich finde,
in Harmonie verwandt.

Ein Flüstern, so empfindsam,
wie Tropfen von Tau,
trägt mich in ein Land,
von sensibler Klangesschau.

Zwischen jeder Note,
ein Gefühl so echt,
ein Auf und Ab der Mode,
des Herzens Recht.

Sensible Töne füllen,
meinen Tag mit Licht,
sie lassen mich erfüllen,
die Stille bricht.

Unhörbare Symphonie

Im Raum, der lautlos weilt,
schwingt eine Symphonie,
ein Klang, der sich verheilt,
in stiller Harmonie.

Die Töne, die nicht klingen,
erreichen doch mein Ohr,
sie können Freude bringen,
flüstern im Chor.

Ein stilles Lied der Ferne,
in meinem Herz erklingt,
wie leuchtende Sterne,
die Nacht dann sanft durchdringt.

Ein jedes Leben lauscht,
dem unhörbaren Spiel,
wenn Licht den Schatten tauscht,
wird alles wieder kühl.

Die Symphonie des Schweigens,
schreibt Noten auf mein Sein,
in fiebrigen Neiges,
bin ich doch nie allein.

Stilles Echo

In der Ferne widerhallt,
ein Echo, das nicht spricht,
es trägt durch Luft und Wald,
ein leises, sanftes Licht.

Ein Hauch vergangener Tage,
in jedem Ton vibriert,
wie eine schwere Plage,
die doch das Herz berührt.

Zwischen Berg und Tal,
zirkelt ein feiner Klang,
ein Hauch von einer Wahl,
in des Lebens langem Gang.

Ein niemals endend Singen,
ein Wellenspiel im Wind,
ein Gebet ohne Ringen,
das nur die Herzen find.

Das stille Echo hallt,
in meinem Seelengang,
bis der Sturm verhallt,
und ich im Neubeginn verlang.

Unbemerkte Worte

Im Schatten der Gedanken,
wo Träume sanft erwachen,
flüstern leise Worte,
und Herzen still bewachen.

Durchs Fenster dringt das Licht,
ein Sonnenstrahl so klar,
die Welt beginnt zu leben,
in einem neuen Jahr.

Doch niemand hört die Stimmen,
die tief im Innern klingen,
sie bleiben unbemerkt,
während wir durchs Leben springen.

Diese leisen Worte,
sie tragen uns durch Zeit,
beschützen und begleiten,
machen unser Herz bereit.

So lauschen wir im Stillen,
den Wundern dieser Welt,
während unbemerkte Worte,
ein Märchen uns erzählt.

Flüsternde Erinnerungen

Im Wind, der sanft verweht,
flüstern alte Zeiten,
erinnern sich die Jahre,
die stille Wege leiten.

Des Mondes milder Schein,
verklärt die finstre Nacht,
erhellt die tiefen Träume,
die lange schon erwacht.

Und jede kleine Geste,
jeder heimlich Blick,
trägt Erinnerungen,
schrittweise zurück.

So tanzen wir im Licht,
der flüsternden Geschichten,
die Zeit verwandelt alles,
auch die dunklen Pflichten.

Vergangenheit wird leben,
in jedem neuen Traum,
und flüsternde Erinnerungen,
erblühen wie ein Baum.

Geheime Melodien

In stillen Nächten klingt,
ein Lied, das Niemand kennt,
verwebt sich mit den Sternen,
die hoch am Himmel brennt.

Geheime Melodien,
durchströmen sanft die Luft,
unsichtbare Klänge,
eine zauberhafte Flucht.

Der Mond versteht die Sprache,
der Töne, die geboren,
werden aus den Träumen,
die niemals sind verloren.

Die Herzen hören leise,
die Musik der Dunkelheit,
und tanzen im Geheimen,
in nie geahnter Heiterkeit.

So singen wir die Lieder,
die nur das Herz versteht,
geheime Melodien,
ein Rätsel, das besteht.

Herzgeflüster

In stillen Momenten,
wo Ruhe uns umfasst,
hört man leise Stimmchen,
aus dem Herzen ganz erfasst.

Ein zartes Flüstern dringt,
aus Tiefen unerschlossen,
erzählt von tiefem Sehnen,
von längst vergessenen Sprossen.

Im Fluss der Zeit verborgen,
erblüht ein neues Licht,
das Herz beginnt zu sprechen,
bis die Nacht ihm bricht.

Es flüstert sanft von Liebe,
von Hoffnung und von Leid,
die Worte kaum zu fassen,
in dieser stillen Zeit.

Und in dem stummen Lauschen,
wird klar, was wirklich zählt,
das Herz, das zart geflüstert,
die eine Wahrheit wählt.

Versteckte Worte

Im Schatten der Nacht, verborgen
Wie Träume, die niemand kennt
Flüstern die Zeilen verloren
Ein Geheimnis, das leise brennt.

Unter den Blättern versteckt
Worte, die niemals entschwinden
Hoffnung, die Herzen erweckt
Werden wir sie jemals finden?

Ein Hauch von versteckter Wahrheit
In jedem stummen Blick
Im Labyrinth der Klarheit
Finden wir unser Glück.

Gehüllt in sanften Schleier
Flüstern sie durch die Zeit
Tragen uns stets aufs Neue
Zu einer fernen Unendlichkeit.

Verloren und doch so nah
Die Worte, die niemand spricht
Im Herzen werden sie wahr
Ein ewiges, stilles Gedicht.

Inneres Rauschen

Ein Rauschen tief im Innern
Wie das Meer in der stillen Nacht
Gedanken, die leise schwirren
Haben uns so viel gebracht.

In der Stille, die uns umfängt
Können wir sie manchmal hören
Ein Wispern, das unser Herz lenkt
Niemals wird es uns stören.

Im Banne des inneren Klangs
Der uns durch das Leben führt
Ertönen die leisen Gesänge
Die uns tief im Herzen berührt.

Ein Rauschen, das niemals schweigt
Als Echo vergangener Zeit
Die Seele in sanfte Bahnen neigt
Auf dass der Friede bleibt.

Hören wir auf diesen Ton
Der tiefste Sehnsucht malt
Das innere Rauschen des Lebens
Unsere Seele sanft umhüllt.

Subtile Töne

Im Wind ein leises Flüstern
Im Regen sanfter Klang
Subtile Töne klingen
Wie ein vergess'ner Sang.

Durch Schluchten alter Zeiten
Zieht ein verstecktes Lied
Es wispern stille Seiten
Von dem, was niemals blieb.

Ein Hauch von etwas Fremdem
Verliert sich in der Nacht
Subtile Töne finden
Die Seele sanft bewacht.

Zwischen Mond und Sternen
Im tiefen Himmelszelt
Klingen die geheimen Klänge
Die niemand wirklich hält.

Subtile Töne fangen
Momente ohne Zeit
Im Herzen tief verankert
Für die Ewigkeit bereit.

Herzensklänge

In tiefen Herzensklängen
Erklingt ein sanftes Lied
Es trägt uns auf den Wellen
Dorthin, wo Friede liegt.

Ein Melodie, die leuchtet
Weit über Raum und Zeit
In uns'ren Seelen träumt sie
Von einer Ewigkeit.

Herzensklänge führen
Zu einem fernen Land
Wo Träume niemals stören
Und Hoffnung ewig stand.

Im Rhythmus uns'rer Träume
Erblüht ein innerer Chor
Ein Klang, der nie vergeht
Er klingt für immer fort.

Sanft wie ein Hauch von Liebe
Erklingt das stille Lied
Herzensklänge geben
Was niemals jemals flieht.

Unausgesprochene Träume

In der Stille der Nacht,
wo Gedanken leise gehen,
schweben Träume, die erwacht,
in das Unbekannte sehen.

Hoffnungen, die sanft berühren,
versteckt in Herz und Seele,
Visionen, die uns verführen,
eine Welt, die uns verhehle.

Wo Unbekanntes sich entfaltet,
erwachen Wünsche aus dem Schweigen,
ein Traum, der alles gestaltet,
keine Grenzen, die ihn neigen.

Leise Geflüster, fast zart,
in der Dunkelheit verborgen,
Gedanken, die von Liebe spart,
nicht an kommende Sorgen.

Wo Himmel und Erde sich küssen,
dort finden Träume ihr Licht,
ein Ort, um zu wissen,
das Herz erwacht, nicht spricht.

Herzenswispern

Wenn das Herz leise spricht,
und Gedanken sacht verweben,
findet Liebe still ihr Licht,
im Verborgenen zu leben.

Tief in der Brust ein Sehnen,
da wo Worte nicht mehr tragen,
flüstern Sterne funkelnd, hell,
inn're Wünsche, die nicht sagen.

Ein Kuss, verrät kein Sterblicher,
wenn Lippen sanft sich finden,
Herzen schlagen intensiver,
im stillen Raum verbünden.

Gefühle, die sich zaghaft zeigen,
wo unsichtbar die Liebe wächst,
werden zu den Sternen steigen,
wie ein Traum, der unterschwächt.

Wo Seelen rhythmisch tanzen,
und eins das Andere spürt,
dort wird Liebe ewig glänzen,
in Herzenswispern, ungerührt.

Inneres Echo

In den Tiefen meiner Seele,
hallt ein leises Echo wider,
wie ein ehrliches Bestreben,
treffen Träume ihre Lieder.

Dort wo Dunkelheit verweilt,
bricht Licht aus fernen Welten,
ein Verlangen, das uns heilt,
das innere Echo zu erhellen.

Jeder Ton, ein stilles Flehen,
ja, ein Wunsch, dem wir berauscht,
in Unendlichkeit vergehen,
wo das Herz sich Liebe tauscht.

Wenn Leere sich mit Klang vermischt,
wird Stille plötzlich Leben,
ein leuchtendes Gedicht,
innres Echo, das beben.

Wo Gedanken sich vereinen,
wie ein Flügelschlag im Wind,
werden unsere Träume reinen,
in Echos, die unbekannt sind.

Geflüsterte Geheimnisse

Unter dem Mantel der Nacht,
verbergen sich Geschichten,
Geheimnisse, leise bedacht,
von Flammen die uns richten.

Sanfte Worte, kaum gehört,
zwischen Schatten sie verschwinden,
ein Vertrauen, ungestört,
iein Herz, das sie erfinden.

Wo Mondlicht Träume küsst,
umhüllt uns sanft das Schweigen,
was das Herz niemals bemisst,
wird uns unsichtbar zeugen.

Einem Licht, das sanft erlischt,
flüstern wir Geheimnisse zu,
Liebe, die sich zart verstrickt,
in des Anderen innerstern Ruh.

Wo Seelen in der Nacht verweben,
und Träume sich erheben,
erblüht ein zartes Streben,
nach geflüsterten Geheimnissen, immerfort zu leben.

Zarte Zeichen

Ein Blatt im Wind, es fliegt davon,
trägt in sich leise, zarte Bon.
Neigt sich dem Land auf sanftem Pfad,
erzählt von allem, was einst war.

Flüsternd die Bäume, sie lauschen zart,
der Wind spielt Lieder, so rein, so klar.
Das Wehen im Grase, berührt so still,
zeigt uns die Wege, wohin er will.

Die Sonne malt Schatten, ein Spiel der Zeit,
während das Herz in Träumen verweilt.
Hoffnung und Liebe in jedem Hauch,
zeigt uns das Leben im ewigen Lauf.

Noch fliegt das Blatt in sanftem Zug,
tanzt mit dem Wind, einem alten Freund.
Trägt uns die Zeichen, so sacht, so fein,
zeigt uns Erinnern in stiller Pein.

Hauch der Wahrheit

Ein leises Flüstern in der Nacht,
birgt in sich eines Traumes Macht.
Schweißperlen glitzern auf der Haut,
der Wahrheit Hauch, so still vertraut.

In Augen spiegelt sich das Licht,
entblößt der Welt der Seele's Sicht.
Kein Wort, kein Laut, der dies verrät,
nur warmes Nähern, das sich mäh't.

Die Wahrheit schwebt im Dunkelraum,
verführt uns leise in den Traum.
Ein jeder Schritt, bedacht, so zart,
hüllt ein das Herz in Weisheit spart.

Kein Tag vergeht, der Nacht nicht kennt,
in der die Welt, ihr Bild sie wendet.
Ein Hauch der Wahrheit bleibt und geht,
bis unser Sein im Nichts verweht.

Inneres Murmeln

Ein leises Murmeln tief im Geist,
erzählt von Dingen, niemand weiß.
Durchfließt die Seele, wie ein Bach,
trägt sanfte Wellen, Tag und Nacht.

Gedanken bilden einen Kreis,
umfangen uns, so ungeheiß.
Lassen nicht los, sind immer da,
ein stiller Freund, uns ewig nah.

Die Stimmen leise, wie ein Lied,
erzählen, wie das Leben flieht.
Ein Jeder sucht und Jeder fand,
das inn're Murmeln hält uns Hand.

So lauschen wir der sanften Stimm,
sie führt uns fort, auf leisem Rinn.
Im Fluss des Seins, wir sind vereint,
bis eine neue Dämmerung scheint.

Gedanken im Wind

Der Wind, er trägt die Gedanken fort,
führt sie zu einem fernen Ort.
Die Wolken öffnen ihren Pfad,
ermöglichen, was keiner tat.

Ein Flüstern zieht durch's weite Feld,
verbindet Träume, die niemand hält.
Jeder Hauch von dir erzählt,
was in den Herzen tief verweilt.

Die Zeit verstreicht, der Wind, er weht,
ein jeder Wunsch mit ihm vergeht.
Doch in den Lüften bleibt ein Stück,
vom zarten Traum, ganz sanft, ganz schick.

Ein Morgen kommt, ein Abend geht,
der Wind, er singt, das Blatt sich dreht.
Gedanken schweben, frei und leicht,
bis unser Sehnen sie erreicht.

Zwischen den Zeilen

In stillen Worten, sanft versteckt
Liegen Geheimnisse, tief und echt.
Ein Blick genügt, das Herz versteht,
Was in der Stille leise geht.

Zwischen Zeilen, fein gesponnen,
Erzählt sich mehr als ausgesprochen.
Ein zartes Flüstern, kaum zu fassen,
Doch fühlbar ist, was wir verpassen.

Mit jedem Satz, mit jedem Wort,
Weit jenseits aller lauten Orte,
Verbindet uns ein stilles Band,
Zwischen Zeilen, Hand in Hand.

Leise geflügelt

Auf zarten Flügeln, federleicht,
Durchzieht der Wind die Himmelsweit.
Ein leises Lied, kaum zu vernehmen,
Erzählt von Träumen, unerzählt.

Die Luft, sie trägt ein sanftes Rauschen,
Ein Wispern, dem die Seelen lauschen.
So fliegt verborgen durch die Zeit,
Was unsere Herzen leis befreit.

Geflügelt, zart und unbeschwert,
Ein Hauch, der in die Ferne fährt.
Mit jedem Flügelschlag, so leise,
Beginnt ein Traum auf sanfte Weise.

Sacht gesprochen

Ein leises Wort, so sacht gesprochen,
Berührt die Seele, unverhohlen.
Wie sanfter Wind, der leise weht,
So jedes Herz im Takt versteht.

Die Stimme, kaum zu hören, leise,
Verborgene Melodie der Reise.
Gefühle klingen, sanft und rein,
Ein Flüstern nur, im Kerzenschein.

In Stille liegt die Kraft verborgen,
Ein Sehnen weckt das neue Morgen.
Gesprochen sacht, und doch so wahr,
Erklingen Träume wunderbar.

Das Flüstern der Nacht

Wenn Dunkelheit die Welt umhüllt,
Und jede Lautstarkehit verstummt,
Dann flüstert leis die stille Nacht,
Ein Märchen, das die Herzen lacht.

In Sternenlicht, so kalt und klar,
Erzählt die Nacht, was einst geschah.
Ein Wispern durch die Bäume zieht,
Ein Lachen, das im Dunkeln blüht.

Die Schatten tanzen federleicht,
Und nur das Flüstern, was uns reicht,
Begleitet uns auf sanften Wegen,
Im Traumland, das wir still begehen.

Unsichtbare Klänge

Unsichtbare Klänge, sanft und fein,
Dringen leise in das Herz hinein,
Flüstern leise, sacht und zart,
Füllen leise jede Nacht.

Klänge, die von weit her kommen,
Haben uns den Schlaf genommen,
Leben in des Windes Hauch,
Sind wie Sterne im Gebraus.

Unsichtbare Melodien wehen,
Durch die Dunkelheit und Seen,
Sind die Töne, die wir träumen,
Schweigen, das die Stille säumen.

Klingeln, flimmern, raunen sacht,
Verwandeln Stille in die Nacht,
Sind die Melodien der Seelen,
Deren Weisheit niemals fehlen.

Klang, unsichtbar und so rein,
Wird zum Teil der Welt und mein,
Verborgene Symphonie entfalten,
Unbekanntes Licht erstrahlen.

Innere Harmonie

Ruhe findet meinen Geist,
Wenn der Tag sich leise neigt,
In der Stille, im Gebet,
Schwingt das Leben sanft und spät.

Innere Harmonie, so zart,
Hüllt das Herz in stille Nacht,
Frieden wohnt im tiefen Sein,
Lässt uns endlich bei uns sein.

Jeder Atemzug so rein,
Tief im Innern, ganz allein,
Schwingt ein Licht, das leise bleibt,
Uns in tiefer Ruhe treibt.

In der Seele wohnt ein Licht,
Das den Weg zur Freiheit bricht,
Inn're Stille, sanftes Meißeln,
Lässt das Herz in Harmonie kreiseln.

Inn're Harmonie, geweckt,
Hat das Herz in Uns verflecht,
Lässt uns tanzen durch die Zeit,
Führt uns in die Ewigkeit.

Schwingungen der Seele

Schwingungen der Seele tief,
Wo das Innere lautlos rief,
Wie ein Flüstern in der Nacht,
Hat es uns ins Herz gebracht.

Leise Stimmen, sanft und sacht,
Haben Licht in uns entfacht,
Schwingen, wie ein sanfter Reim,
Ziehen leise durch den Keim.

Im Herz, da wohnt ein leiser Ton,
Der zu uns spricht, uns lahm und schon,
Töne, die das Dasein wehen,
Uns im Traume lautlos flehen.

Schwingen, flüstern durch den Raum,
Lassen träumen, tief und kaum,
Seelenschwingen, sanft gefangen,
Uns in tiefen Frieden bannen.

Schwingungen, so tief'n und rein,
Tragen uns im Schlaf hinein,
Lassen uns im Herzen lauschen,
Konnten Frieden lieb errauschen.

Tiefe Wurzeln

Tiefe Wurzeln in der Erde,
Weisen uns des Lebens Herde,
Wachsen still und stark empor,
Zeigen uns des Lebens Tor.

Tief in unsern Herzen wachsen,
Die Gedanken und die Sachsen,
Verbinden uns mit jeder Welt,
Die das Leben still erhält.

Tiefe Wurzeln der Vergangenheit,
Tragen uns durch Raum und Zeit,
Sind die Bänder, die uns halten,
Durch die wir das Leben falten.

Schattierungen sanfter Weiten,
Leben, die uns stets begleiten,
Sind die Wurzeln tief im Sein,
Lassen uns im Lichte sein.

Tiefe Wurzeln, fest verwebt,
Seen, die das Leben hebt,
Sind der Anfang und das Ende,
Leben, das uns ewig sende.

Herzschlagmelodie

In dir klingt eine Melodie
Ein Herzschlag, der nie bricht
Durch Sturm und Stille fließt sie
Ein ewiges, leuchtendes Licht

Sie trägt dich sanft im Takt
Wo Dunkelheit Licht sucht
Durch Städte und Wälder packt
Der Puls, der in dir pocht

Geheimnisvoll ist ihr Singen
Von Liebe tief und still
Wo Träume leise klingen
Führt sie deine Seele hin

In jedem Augenblick geboren
Im Rhythmus deiner Zeit
Hat sie das Glück erkoren
Und hält dich stets bereit

Durch Tage wie auch Nächte
Verlässt sie dich doch nie
In tiefster Zärtlichkeit
Klingt die Herzschlagmelodie

Der ruhige Ton

Ein sanftes Lied erklingt
Im Herzen tief und rein
Der ruhige Ton versinkt
In deinem Sternenschein

Er trägt die Last der Welt
Mit sanfter Harmonie
Und jedes Herz befällt
Eine stille Melodie

Die leisen Klänge tragen
Durch Wellen stets hinaus
Dem Sturm sie ruhig sagen
Von Frieden still im Haus

Im innersten Gewissen
Da wohnt ein heller Klang
Der Ruhe tiefem Wissen
Im Schlaf, im Tag, im Drang

So ruht in deinem Wesen
Ein Lied aus Himmels Hand
Dem Sehnen, dem Genesen
Ein ruhiger Ton im Land

Flüsternde Gedanken

Durch nächtliche Stunden
Ein Wispern uns erreicht
Gedanken sanft umrunden
Die träumerische Zeit

Sie klingen wie das Rascheln
Der Blätter im Windeshall
Und sanft beginnt das Tuscheln
In sternenheller Nacht

Vergangene Tage sprechen
Von Zeit, die uns entflieht
Und flüsternd doch verzechten
Dem ewigen Lied

Sie tragen uns im Schweigen
Durch Räume und durch Zeit
Ein Wispern stets zu eigen
Ein Hauch der Ewigkeit

In Flüstern aus Gedanken
Schwebt unser Sein dahin
Und leise sich bedanken
Die Träume, die bei uns sind

Zarte Melodien

Zart wie der Hauch des Windes
Ein Lied im Herzen wohnt
Die Melodie des Findens
Von allem, was uns lohnt

Ein Hauch von sanfter Liebe
Durchflutet uns so leicht
Zieh'n durch des Lebens Triebe
Mit wunderbarem Reichtum

Sie klingt in dunklen Stunden
In strahlendem Sonnenschein
Die Zärtlichkeit gefunden
Im sanften Melodienschein

So trägt sie uns auf Flügeln
Durch manch beschwerlich' Tal
Der Seele Traum vom Fühlen
Ein ewiger Widerhall

Denn in des Lebens Liedern
Da klingt sie stets sehr fein
Die zarte Melodie vom Frieden
In jedem Herz versteckt und klein

Zarte Resonanz

In stillen Nächten tief im Wald,
Flüstert leise die Natur.
Ein Klang, so zart und alte,
Erschafft die Resonanz der Spur.

Am Ufer tanzen Wellen leise,
Ein Hauch von Wind trägt fort.
Die Melodie so sanft und weise,
Ein Echo an verborg'nem Ort.

Ein Vogel singt im Morgenlicht,
Sein Lied bricht sanft die Ruh.
Und jeder Ton wiegt federleicht,
Wie Herzen, die einander zu.

Die Zeit verweilt im Augenblick,
Ein Hauch von Ewigkeit.
So zart, so tief, die Resonanz,
Durchdringt die Dunkelheit.

Unausgesprochene Stimmen

In Schatten flüstern alte Lieder,
Vergessene Geschichten laut.
Gedanken, die man nie erzielt,
Verbinden sich im Seelenlaut.

Der Wind trägt Worte fort und leise,
Erzählt von alter Zeit.
Stimmen, die nicht ausgesprochen,
Hüllen dunkle Einsamkeit.

Ein Wispern durch die Dämmerung,
Ehemals gemurrt so still.
Die Seelen finden ihren Klang,
Und leise, sanft der Wind verhüll.

Die Stämme alter Eichen seufzen,
In ihrer stillen Traurigkeit.
Unausgesprochene Stimmen flüstern,
Was die Erinnerung verleiht.

Leise Gedanken

Im Zwielicht formt sich still ein Bild,
Gewebt aus Träumen zart.
Leise trifft der Wind ein Spiel,
Das sanft die Seele klarst.

Die Sterne funkeln hell im Raum,
Wie tausend Wünsche, klar.
Und jeder leise Gedanke, kaum,
Erscheint im Herzen wahr.

In Blumen blüht der Hoffnungsschein,
Ein Duft, so süß und rein.
Die leisen Gedanken führen uns heim,
In eine Welt, so fein.

Ein Tropfen Regen fällt hinab,
Erzählt von weiter Ferne.
So leise zieht im nächt'gen Grab,
Ein Sehnen nach den Sternen.

Verborgene Melancholie

In tiefen Schluchten der Gedanken,
Verbirgt sich stille Melancholie.
Ein sanftes Sehnen, ein Verlangen,
Nach Orten ohne Zeit und Zieh.

Der Mond erhellt, so sacht und leise,
Die Nächte voll von Traurigkeit.
Ein Hauch von Nostalgie so weise,
Verborgene Melancholie verleiht.

Die Blätter fallen, welken leise,
Bedecken Wege in der Nacht.
Erinnerungen, die sind so weise,
Halten Herz und Geist in Fracht.

Ein Schatten tanzt im Kerzenschein,
Verbirgt doch jede Tränenspur.
Die Melancholie, so sacht und rein,
Nährt sich an der Nacht Natur.

Innere Verbindung

In tiefen Träumen, still und rein
Findet sich mein Herz bei dir ein
Die Zeit vergeht, doch bleibt vertraut
Ein Band, das sich nie mehr verhaut

Deine Stimme, zart und klar
Führt mich weit und immerdar
In diesem Raum, nur wir allein
Verbindung, die unendlich sein

Gedanken fließen ohne Ziel
Gefühle, die mein Inneres fühl
Wir sind zwei, doch eins zugleich
Geheime Kraft, und doch so reich

Unsichtbare Fäden, stark wie Stein
Halten uns in Liebe, fest und fein
Durch Raum und Zeit, wir sind verwandt
Gefühl, das keine Grenzen fand

In der Stille hör' ich dich
In dem Licht, da find' ich mich
Innere Verbindung, tief und wahr
Durch die Seele immerdar

Stillen Schwingen

Auf leisen Schwingen durch die Nacht
Ein Traum, der sanft zum Fliegen macht
Gedanken ziehen weit und fern
Im Herzen lodert Glanz wie Stern

In tiefem Schweigen spricht das Licht
Ein zarter Hauch, der still verspricht
Die Welt erwacht im sanften Glanz
Ein Tanz aus Traum und Sternenkranz

Doch jede Nacht, so hell und klar
Lebt still ein Traum, so wunderbar
Die Schwingen tragen, leicht und rein
Die Seele fliegt, will niemals sein

Ein Flüstern zieht durch Himmelszelt
Still schwingt die Nacht, so sternenhell
Gedanken frei, das Herz so weit
In hellen Träumen ewig Zeit

Auf stillen Schwingen tanzt die Nacht
Ein Funke, der im Herzen lacht
Und jede Seele, leicht und rein
Wird ewig fliegen, immer sein

Geheime Stimmen

Durch nächtlich' Gassen, still und leise
Erklingen Stimmen, auf geheimen Reise
Ein Wispern, flüstern durch die Zeit
Ein Ruf, der oft im Wind verweilt

In jedem Schatten, in jeder Nacht
Hört man die Stimme, die leise lacht
Geheimnisvoll und unerkannt
Bleiben die Worte stets gebannt

Verschlossene Türen weit sich öffnen
Verborgenes Wissen, das uns segnen
Ein jeder Hauch, ein jede Spur
Stimme in der Dunkelheit so pur

Wir lauschen still, im Herz verbunden
Nach langem Schweigen, neu gefunden
Die Stimmen tragen durch die Nacht
Ein leises Flüstern, das erwacht

Verborgene Worte, tief und klar
Erzählen uns, was einstens war
Geheime Stimmen, durch die Zeit
Flüstern von der Ewigkeit

Heimliche Botschaft

In stiller Nacht, wenn alles schweigt
Eine Botschaft sich ins Herz verneigt
Verborgene Worte, klar und fein
Flüstern leise, ganz allein

Eine Feder streicht über das Blatt
Heimliche Botschaft, die ich hab
Geschrieben in die Sterne weit
Erzählen von der Ewigkeit

Durch dunkle Gassen zieht ein Hauch
Ein leises Seufzen, sanfter Rausch
Die Botschaft heimlich, tief im Herz
Verstreut ein Funke, heller als Erz

Ein Brief im Wind, der nie verweht
Erzählt von Liebe, stark und spät
Ein Zeichen, das im Dunkeln blüht
Heimliche Botschaft, die nie verglüht

Die Nacht erzählt von alten Zeiten
Von Sehnsucht, die uns stets begleiten
Die Botschaft heimlich, tief uns hier
Ein ewiges Flüstern, ich bin bei dir

Sanfte Resonanz

Ein Hauch von Sommerwind,
leicht auf der Seele wiegt,
so sanft und wohlgesinnt,
als ob ein Engel fliegt.

In Nächten voller Träume,
umhüllt mich tief das Licht,
durchflutet stille Räume,
die Zeit verliert Gewicht.

Ein leises Lied der Liebe,
getragen auf dem Klang,
ie freudig Flügel schlüge,
ein zarter, reiner Sang.

Ein Lächeln, kaum zu sehen,
hinter gefallnen Tränen,
ein Funken bleibt bestehen,
um niemals zu vergehen.

Der stille Klang

Wenn Nebel sich ergießt,
und Stille sanft umhüllt,
das Herz in Frieden schießt,
wo Zartheit sich erfüllt.

Die Nacht, sie schenkt uns Ruh,
die Sterne leise singen,
ein Schweigen, sanft und klug,
das in die Seele dringen.

Ein ferner Ruf der Ferne,
in sanftem Mondes Licht,
ich folge diesem Sterne,
die Hoffnung bricht nicht.

So lauschen wir dem stillen,
der Klang, er weiß so viel,
unaufhörlich in uns füllen,
in Herzen bleibt er Ziel.

Zärtliches Murmeln

Ein Echo in den Wänden,
das Herz pocht leis und sacht,
in sanftem Schattens Lenden,
die Seele leis erwacht.

Ein Murmeln in der Ferne,
von Zärtlichkeit erfüllt,
die Zeit wird immer wärmer,
der Atem weit gestillt.

Ein Flüstern in den Bäumen,
die Blätter tanzen sanft,
in Wiesen voller Träumen,
der Geist so liebevoll entflammt.

In Wogen sanfter Stille,
da kommen wir zur Ruh,
das Sehnen leise stille,
die Welt wird zart und klug.

Verborgene Töne

Versteckt in tiefen Wäldern,
da flüstert leis ein Ruf,
da strömen sanfte Wälder,
ein friedlich stilles Huf.

In Bächen erschallt Lieder,
die keiner Worte braucht,
da weht das Herz nicht nieder,
es atmet leis und haucht.

In Flüssen sanfter Töne,
da spiegelt sich die Zeit,
die Stille wiegt die Krone,
in endloser Weite.

Verborgen in uns allen,
da klingen sanft Gebete,
es wird nicht mehr verhallen,
der Klang der sanften Schritte.

Verblasste Echos

Verblasste Echos wehen leise,
Im Dämmerlicht, das sacht verglüht,
Vergangenheit in sanfter Weise,
Ein Wispern, das die Zeit betrübt.

Erinnerung, so zart und schwer,
Verliert sich still im Nebelgrau,
Ein Flüstern, das die Seele zehrt,
Ein Hauch von damals, fern und blau.

Die Stimmen fliehen, leuchtend klar,
Wie Schatten in der Dunkelheit,
Ihr Klang wird immer unsichtbar,
Doch bleibt im Herzen Ewigkeit.

Die Zeit verweht in sanften Böen,
Die Bilder blassen immer mehr,
Doch ihre Spuren, tief erglühen,
Im Innern leuchten sie so sehr.

Murmelnder Wind

Der Wind, er murmelt alte Lieder,
Durch Blätterwipfel, sanft und sacht,
Trägt Klagelieder immer wieder,
Ein Wispern in der stillen Nacht.

Er singt von fernen, dunklen Tagen,
Von Seelen, die vergehn im Sturm,
Von Hoffen, Sehnen und dem Wagen,
Der Herbstwind weint im Blätterturm.

In seinen Liedern wohnen Träume,
Von fernen Welten, alt und neu,
Er webt Geschichten durch die Räume,
Mit seiner Stimme, klar und treu.

So zieht er durch das Land im Fluge,
Vernebelt weiter Feld und Flur,
Ein Flüstern von der weiten Lüge,
Die Wahrheit liegt im Windesspür.

Wispernde Saiten

Wispernde Saiten, sanfter Klang,
Durchdringt die stille Abendluft,
Erzählt von Liebe, Leid und Sang,
Entführt hinweg mit leisem Huf.

Sie flüstern von vergangnen Zeiten,
Von Herzen, die sich sacht berührt,
Von Tränenfluten, die uns leiten,
Von Freude, die in Klängen kürt.

Ein Rhythmus weht durch dunkle Nächte,
Sanft hallen Töne wider klar,
Gefühl in Melodie verflechte,
Ein Wehrmut, der zum Herzen bar.

So klingt ein Lied, so alt und weise,
Durchdringt die Zeit, die rastlos flieht,
Die Saiten flüstern auf die Reise,
Von Harmonie, die nie versiegt.

Geflüster der Sterne

Der Nachthimmel voller Sterne spricht,
Ein Flüstern durch das Firmament,
Erzählt von Licht und Dunkel, dicht,
Ein Märchen, das kein Ende kennt.

In tiefer Stille werfen sie,
Ihr Glanz auf unsre müden Seelen,
Ein Hauch von Ewigkeit, so frei,
Ein Licht, das endlos will erwähnen.

Die Sterne, die durch Zeiten schweifen,
Im Takt des Kosmos frei und weit,
Verweben Träume, die uns streifen,
Ein Funkeln in der Dunkelheit.

So raunen sie im Sternenzelt,
Von Wundern, die verborgen liegen,
Ein Flüstern durch die weite Welt,
Von Wünschen, die im Schweigen wiegen.

Unerhörte Stimmen

In den Tiefen der Nacht, ganz leise,
Sprechen sie in Tönen, ganz leise.
Flüstern von Geheimnissen, verborgen,
Unerhörte Stimmen, gestern wie morgen.

Durch die Dunkelheit ziehen sie fort,
Im verborgenen Reich, an einem geheimen Ort.
Rufen nach uns mit sehnsuchtsvollem Lied,
Wollen, dass man ihnen endlich Glanz vergibt.

Ihre Worte schwingen durch die Zeit,
Nichts bleibt ungesagt, nichts bleibt verschneit.
Ein Chor im Wind, vom Schicksal gesandt,
Stimmen, so unerhört wie das Land.

Die Welt sieht sie nicht, hört sie kaum,
Überhört den zarten, ewigen Raum.
Doch wer lauscht, der kann sie finden,
Die Stimmen, die sich in die Ewigkeit binden.

Schattengeflüster

Im Zwielicht tanzen Schemen sacht,
Schatten flüstern, wenn der Mond erwacht.
Geschichten in der Dunkelheit geboren,
Von längst vergangenen Abenteuern verloren.

Durch die Nächte ziehen sie stumm,
Sinnenvoll und eindringlich wie ein Summ.
Tragen Geheimnisse durch die Zeit,
Leben in der Dunkelheit, verborgen weit.

Der Wind trägt ihre flüsternden Worte,
Über Berge, Meere, jede Pforte.
Verleihen der Stille eine Stimme zart,
Schattengeflüster, so tief und apart.

Wer ihnen lauscht, der mag verstehen,
Die Kunst, im Schattenreich zu gehen.
Ein Wispern, so sanft und verdammt,
Im Schattenreich ist alles verbannt.

Innere Hymne

In mir erklingt ein stilles Lied,
Ein Hymne, die durch das Herz zieht.
Sanfte Melodien, weise Töne,
In meinem Innern, auf endlosen Bögen.

Ein Klang, der die Seele umarmt,
Von Sorgen und Nöten sanft entflammt.
Schafft einen Ort der tiefen Ruh,
Ein Refugium für mich und für du.

Worte fließen wie sanfter Regen,
Bereiten mir inneren Segen.
Eine Hymne, die niemals endet,
Die meine Gedanken in Frieden wendet.

Ihr Echo klingt durch meine Welt,
Verborgen, doch nie zurückgehalten.
Eine Melodie aus dem tiefsten Innern,
Eine Hymne, die lässt mein Herz noch immer rinnen.

Unentdeckte Murmeln

Im geheimen Fluss des Lebens,
Murmeln leise Stimmen des Gebens.
Von Wundern noch unentdeckt,
Von uns oft kaum bemerkt.

Sie fließen durch die Zeit,
Tragen Freude, Schmerz und Leid.
In stillen, unbewachten Stunden,
Kommen sie zu uns, in Herz gebunden.

Ein Wispern, das uns leiten will,
Ein Murmeln, friedlich und so still.
Zeigt uns Pfade, die wir schreiten können,
Durch die Nacht ins Licht hinein rennen.

Unentdeckte Murmeln, weise und klar,
Führen uns durch das Leben, Jahr für Jahr.
In ihren Worten Wahrheit versteckt,
Die uns aus Zeiten des Zweifels weckt.

Der Hauch der Seele

Im Schleier des Morgens, so zart und klar,
Ein Flüstern, das die Welt gebar.
Die Seele atmet einen stillen Klang,
Ein Lied, das leise und heimlich sang.

Die Winde tragen Geschichten weit,
Von Herzen, die leben, von Leid und Freud.
In jedem Atemzug die Ewigkeit,
Die Seele, die uns sanft befreit.

Ein Sternenhimmel, weit und kühn,
Im Hauch der Seele wir Hoffnung sehn.
Die Sterne flüstern uns Zeilen zu,
Von Frieden, Liebe und stiller Ruh.

Durch Zeit und Raum ein leises Wort,
Ein Hauch, der niemals geht mehr fort.
Die Seele, sie lebt in Ewigkeit,
In jedem Moment der Zärtlichkeit.

So wandern wir, mit leisem Schritt,
Der Hauch der Seele stets in uns mit.
Ein Lied, das niemals verhallen kann,
Im Herzen bleibt, was einmal begann.

Sanftes Raunen

Ein sanftes Raunen durch die Nacht,
Der Mond in seinem stillen Glanz erwacht.
Ein Flüstern, kaum vernehmbar fein,
Durchdringt die Stille, macht sie mein.

Die Wälder wispern ihre Lieder leise,
Ein Chor der Blätter auf geheimem Gleise.
Ein Raunen, das die Seele trifft,
Und sanft ein stilles Glück verspricht.

Durch Nebel wandern Traumesbilder hin,
In sanftem Raunen liegt der Sinn.
Die Nacht, sie kennt die stillen Weisen,
Die unser Herz in Träume reisen.

Ein Wind, der zart durch Felder streicht,
Ein Flüstern, das die Zeit erreicht.
Sanftes Raunen, still und klar,
Ein Hauch von dem, was niemals war.

So lauschen wir dem sanften Klang,
Der durch die stille Nacht entlang.
Ein Raunen, das uns zärtlich hält,
Ein Lied, das für die Seele zählt.

Stimmen des Winds

Der Wind, er trägt sein Liedchen weit,
Durch Felder, Wälder, unendliche Zeit.
Ein Flüstern, das Geschichten webt,
Von Leben, das im Wind erzebt.

Die Stimmen singen von alter Pracht,
Von Tagen voll und stiller Nacht.
Ein Wispern, das die Welten eint,
Erzählt von dem, was glücklich scheint.

Durch Berge hallt der Klang so rein,
Die Stimmen singen von uns, von Sein.
Ein Hauch von Urzeit, sanft und klar,
Der Wind erzählt, was immer war.

Ein Rauschen durch die Ferne zieht,
Die Stimmen, die der Wind entblüht.
Sie malen Bilder, weich und leicht,
Ein Klang, den jede Seele erreicht.

So lauschen wir dem Wind im Sinn,
Den Stimmen, die flüstern, tief darin.
Ein Lied, das uns zusammenhält,
Von Anfang bis zum Ende der Welt.

Schweigende Wahrheiten

Im Schweigen tief, da ruht die Zeit,
Ein Echo, das von Ewigkeit.
Die Wahrheit, still und ungesagt,
Ist das, was unser Herz behagt.

Die stille Nacht birgt das Geheim,
Ein Flüstern, das im Dunkeln keim.
Die Wahrheit spricht in leisem Ton,
Ein Wispern, das uns fast entfloh.

Durch Stille klingt ein zarter Hauch,
Die Wahrheit lebt in jedem Brauch.
In jedem Schweigen, still wie Meer,
Liegt das, was uns berührt, so sehr.

Ein Stern, der leuchtet weit hinaus,
Verborgene Wahrheit, unser Haus.
Im Schweigen, in der tiefen Ruh,
Sind alle Antworten, wir hören zu.

So wandern wir durch stille Zeit,
Die Wahrheit, die uns stets befreit.
In Schweigen liegen Welten nah,
Was einst verborgen, wird uns klar.

Innerer Frieden

Sanftes Flüstern, innere Ruh
Geheimnisvoll in mir, weißt du?
Mit jedem Atemzug erfasst,
Frieden, der mich niemals verlässt.

Ein Herz, das leise Worte spricht,
Im Dunkel strahlt ein stilles Licht.
Gedanken schweben, federleicht,
Unendliche Weite dann erreicht.

Hoffnung wächst aus stiller Quelle,
Wie Morgenlicht, das sanft erhelle.
Mit jedem Schritt, ein innerer Klang,
Der Seele ew'ger Lobgesang.

Natur und Geist in Harmonie,
Ein Ozean voll Melodie.
Die Welt, sie schwebt im sanften Raum,
Ein endlos, friedlicher Traum.

Hier in mir, find' ich das Glück,
Ein Weg zurück zu dem Augenblick,
Wo Frieden wie ein Vogel singt,
Und sanft in meine Seele dringt.

Zarter Hall

Ein zarter Hall durch stille Nacht,
Wie Sternenglanz der sanft erwacht.
Durch Dunkel fließt ein leises Meer,
Gelassen, ruhig, stille sehr.

Ein Flüstern, das im Winde schwingt,
Ein leiser Ton, der Weiter klingt.
Wie Tropfen, die von Blättern fallen,
In Herzen welten sanft verhallen.

Im Dämmerlicht erklingt das Sein,
Ein Wispern zart und doch so rein.
Der Seele sanfter Ozean,
Der windet sich durch Zeit und Bahn.

Hinfort getragen, lautlos Meer,
Ein Hall, der kehrt stets wieder her.
Im Traum aus Licht und Sternenglanz,
Ein zarter Hall voll Seelentanz.

Fühle den Klang in deinem Herz,
Sein leises Echo heilt den Schmerz.
Ein Hall, der Sanftes dir erzählt,
Von Liebe, die nie ganz vergeht.

Versteckte Stimmen

Ein Wispern in der Dunkelheit,
Versteckte Stimmen, die befreit.
Im Schatten wird die Welt so klar,
Ein Lied, das sprudelt wunderbar.

Ein heimlich Murmeln, still und leis,
Gedanken fliegen, federweiß.
Unsichtbar durch das Geäst,
Wer hört und fühlt es ganz zuletzt?

Da weben Stimmen zart und sacht,
Die Stille, die im Herzen lacht.
Ein Tönen, das in Träumen spricht,
Wo Licht und Schatten sich verstrickt.

Im Tiefen rauscht ein sanfter Klang,
Von Stimmen, die aus Erinnerungen sang.
Verborgene Worte, die bestehen,
Die still in alten Büchern flehen.

Ein Hauch aus unsichtbarer Welt,
Der leisen Weisheit Flüstern hält.
Versteckte Stimmen, ewiglich,
Erzählen uns von Zeit und Pflicht.

Heimlicher Laut

Ein heimlicher Laut im Wind verweht,
Ein Seufzen, das die Nacht durchweht.
So leise, dass es niemand weiß,
Ein Hauch und flüsternd leis.

Die Monde strahlen silberklar,
Ein Rätsel, das bleibt unsichtbar.
Ein tiefer Ton, der sanft erfällt,
Der nur im Herzen nachhallt, still.

Ein Wispern in der Dunkelheit,
Ein Raunen aus der Tiefe Zeit.
Verflossener Traum, vergangener Bahn,
Ein Glimmen schwach, im tiefen Kahn.

Das Herz nimmt auf, was niemand hört,
Ein Laut, der in die Seele führt.
Im Stillen weben Schicksalsfäden,
Ein Zögern aus verborg'nen Nähten.

Ein Klang, den nur die Stille kennt,
Der lichtlos durch die Schatten rennt.
Heimlicher Laut, so tief und rein,
Verborgener Fluss, der in uns sein.

Seelenresonanz

In stillen Nächten, ohne Lärm
Resoniert mein Herz, so warm
Durch Seelentiefe, stark umarmt
Von Liebe, die den Schmerz entwaffnet.

Jeder Gedanke, jedes Licht
Erhellt die Schatten, bringt Verzicht
Auf all die Angst, die still verweilt
Während die Resonanz uns heiligt.

Ein Flüstern zieht durch Raum und Zeit
Wie eine Melodie der Ewigkeit
Verbunden sind die Seelen heute
In einer Symphonie der Freude.

Das Herz schlägt laut, im Takt der Ruhe
In Resonanz, so still wie eine Truhe
Die wahre Schätze hält für uns bereit
Im Meer der Zeit, in Ewigkeit.

Mag jede Nacht, die still uns umschließt
Die Resonanz der Herzen, so wie sie ist
Schützen vor der dunklen Macht
Die nur in unsrem Sein erwacht.

Fantasiegespräche

Im Garten meiner Träume wandeln
Gestalten, die im Fabelhaften handeln
Sie flüstern mir im Dämmerlicht
Von fernen Welten, die nie verweht.

Worte tanzen, leicht und frei
Durch Fantasie, nie einerlei
Gespräche, die im Herzen wohnen
In all den Farben, die wir schonen.

Ein Einhorn spricht von weiten Seen
Wo Träume wie die Flüsse gehen
Ein Drache singt von alten Tagen
In denen Helden Mut austragen.

Die Sterne flimmern leis am Firmament
Beleuchten all das, was man nennt
Die Wunder der Fantasie, so klar
Gespräche, die sind wunderbar.

Ob Tag, ob Nacht, sie halten durch
In jedem Traum, im Geistes-Nebel-Busch
Die Worte, die der Fantasie entstammen
Halten real, was einst verschwommen.

Verborgene Harmonien

In einem Wald, tief und still
Da wo die Zeit verweilen will
Verborgene Harmonien sich weben
Aus Klängen, die das Leben geben.

Die Blätter rauschen sanft im Wind
Verleihen der Musik den Sinn
Ein Vogel singt, so zart und rein
Verborgene Harmonien, sie seien.

Im Fluss, der leise plätschert nun
Verbinden sich die Töne dazu
Ein Echo widerhallt der Zeit
In harmonischer Einigkeit.

Die Sonnenstrahlen brechen mild
Durchs Blätterdach, ein Spiel, so wild
Sie malen Töne, Licht und Klang
Verborgene Harmonien, so lang.

Der Mond erhebt sich, füllt den Raum
Mit stiller Kraft, ein sanfter Traum
Die Harmonien, sie bleiben hier
Verborgene Klänge tief in mir.

Ungehörte Melodien

In stillen Räumen, kaum erhellt
Wo uns ein leises Flüstern hält
Geboren werden Melodien
Die nur im Herzen ewig glühen.

Ungehört von unserm Ohr
Erklingen sie im Geiste vor
Schweben leise durch die Zeit
Eine Melodie, die ewig bleibt.

Ein Traumschiff segelt übers Meer
Mit Melodien, so fremd und leer
Ein Lied, das keiner je vernahm
Das nur im Innersten sich nahm.

Der Wind trägt Melodien fort
Über Berge, durch den Ort
Doch bleiben sie in uns verwoben
Ungehört, doch aufgehoben.

Ihr Klang ist zart, so wunderschön
Wie Morgentau, im Licht zu sehn
Die Melodien, die keiner hört
Sind jene, die das Herz betört.

Heimliche Lieder

In stillen Nächten flüstert leis,
Ein Lied das kehrt und nie verweht,
Von fernen Träumen, Glanz aus Eis,
Ein Herz das still im Schatten steht.

Im Dunkel glänzt ein Sternenschein,
Des Himmels Lied in sanftem Blau,
Geheime Töne, fein und rein,
Sie weben leis des Traumes Schau.

Der Wind er singt von Liebe mild,
Die Rosen blühn im Dämmerlicht,
In Wäldern klingt ein Lied verspielt,
Ein zartes Lied, das still verspricht.

Die Flamme eines Kerzenscheins,
Erhellt die Nacht mit stillem Glanz,
Ein Lied aus längst vergangnen Reihn,
Verbindet Seelen Hand in Hand.

Und wenn der Morgen dämmernd lacht,
Verstummt das Lied, die Träume flieh'n,
Doch bleibt ein Hauch der stillen Macht,
Ein leises Lied im Herzen blüh'n.

Schattenklänge

Des Mondes Licht in tiefer Nacht,
Ein Klang, der aus der Ferne ruft,
In Schatten hüllt sich sanft die Macht,
Ein leiser Gruß aus ferner Luft.

Die Bäume raunen still ein Lied,
Ein Wispern durch des Waldes Wehn,
Ein Schatten, der in Sehnsucht zieht,
Erzählt von längst vergangnem Sehn.

Der Wind erzählt von düstren Tagen,
Der Regen tropft, ein sanftes Lied,
Und Schatten tanzen ohne Fragen,
In Nacht und Einsamkeit gehüllt.

Ein Wispern fliegt von Stern zu Stern,
Die Dunkelheit umarmt die Nacht,
Ein stiller Klang, so leise fern,
Ist wie ein Hauch, der Mond er wacht.

Wenn Morgenröte sanft erwacht,
Verstummen diese Schattenklänge,
Doch bleibt ihr Schimmer, ihre Macht,
Ein Traum, der in den Herzen hänge.

Unsichtbare Worte

Im Nebel schweben sie geschwind,
Die Worte, die kein Auge denn,
Ein leises Flüstern, leis wie Wind,
Das niemand sah, nur Herzen kennt.

Auf Pergament in Luft gewebt,
Ein Hauch, ein Wort, ein stiller Traum,
Der Seelen zart und fein erhebt,
Ein ungesproch'nes Heiligtum.

Im Flüstern dieser stillen Nacht,
Verbirgt sich manches stille Lied,
Die Worte, die so laut und sacht,
Im Herzensgrund ein Echo zieht.

Die Sterne wissen um dies Band,
Das unsichtbare Wortgewicht,
Sie leuchtet sanft aus ihrer Hand,
Ein zartes Bild im Dämmerlicht.

Und wenn der Morgen laut erwacht,
Verstummen alle stillen Töne,
Doch hallt's im Herz, die tiefe Macht,
Der unsichtbaren Worte Kröne.

Das geheime Lied

Ein leises Lied so heimlich schön,
Das durch die Lüfte sacht verweht,
In Herzen singt, was nicht zu sehn,
Ein stiller Klang, der ewig steht.

Ein Wispern in der Dunkelheit,
Das Seelen sanft zum Träumen führt,
Im Schatten klingt und ganz befreit,
Ein Lied, das selbst den Schmerz berührt.

Die Sterne lauschen zart und fein,
Dem Lied, das dort im Herzen klingt,
Es webt aus Licht ein Sternenglein,
Und uns das stille Glück nun bringt.

Der Wind trägt's weiter in die Welt,
Ein Hauch von Liebe und von Leid,
Das Lied, das ew'ge Treue hält,
In stiller Ewigkeit erneut.

Und wenn der Morgen dämmert bald,
Erwacht die Welt im goldnen Glanz,
Verklingt das Lied doch nicht in Halt,
Es lebt im Herz, im Seelentanz.

Schattengesang

In nächtlicher Ruh, der Mond uns bewacht,
Tanzen die Schatten im silbernen Licht,
Leise wie Flüstern, die Dunkelheit lacht,
Verhüllt unsere Träume, verlorenes Gesicht.

Über uns webt sich ein Schleier der Zeit,
Schimmert wie Sterne im endlosen Meer,
Die Stille erzählt uns von vergessener Zeit,
Ein Schattengesang, träumerisch und schwer.

Geflüster der Blätter, ein Zeichen der Nacht,
Erinnerungen wecken im kühlen Windhauch,
Die Schatten bewegen sich, still und bedacht,
Ein geheimnisvoll Spiel, dem niemand entkommt.

Im Wechsel der Welten, im Dämmerlicht wahr,
Dreht sich das Rad der uralten Geschichten,
Ein Tanz der Geheimnisse, deutlich und klar,
In dunkler Stille, wir lauschen und richten.

Und so fließt die Nacht, wie ein endloser Strom,
Mit Schattengesängen in unseren Ohren,
Ein geheimnisvolles, verführerisches Lied,
In dessen Klang unsere Seelen geboren.

Innere Balance

Zwischen Tag und Nacht, ein heiterer Schein,
Schwebt die Seele, gelassen und ruhig,
Im Gleichklang der Zeiten, ein friedlicher Reim,
Durch Höhen und Tiefen sicher geführt.

Inmitten des Sturms, ein stilles Gefühl,
Ein Anker des Friedens, fest in uns verankert,
Beim wilden Wirbeln, ein goldener Kühl,
Hält die Waage der Seele, klar und geordnet.

Wenn Sorgen uns plagen und Zweifel erwacht,
Schließt uns die Balance in ruhigen Armen,
Ein Moment der Stille, der sanft in uns lacht,
Und lenkt unsere Schritte zurück zu den Bahnen.

In Atem und Herzschlag ein stetiger Fluss,
Vereinbart die Kräfte der Mühe und Rast,
Durch innere Balance, sei der stille Schluss,
Ein Finden des Einklangs, tief in der Brust.

So suchen wir alle in diesem Getriebe,
Den leisen Moment, der die Ordnung bewahrt,
Die innere Balance, als unsere liebste Gabe,
Ein Flüstern der Weisheit, das leise uns sagt.

Seelenträume

In der Tiefe der Nacht, wo Stille herrscht,
Erblühen die Träume, sanft und hold,
Ein Seelenbild, das die Wirklichkeit färbt,
In Farben so strahlend, zärtlich und gold.

Diese Träume, wie Flügel, die sanft uns tragen,
Erheben uns hoch über Raum und Zeit,
Ein Tanz der Gedanken, ein stilles Fragen,
Geführt von der Seele in Freiheit und Weite.

Die Träume der Seele, ein ewiges Band,
Webt Geschichten aus Licht und Schatten zugleich,
Von Hoffnung erfüllt, im nächtlichen Land,
Erzählt uns vom Leben im sternklaren Reich.

Sie führen durch Welten, die keinem bekannt,
Ein Spiegel der Wünsche, ein heiliger Traum,
Ein Zauberer, der uns zum Leben anmahnt,
In Gefilden des Herzens, im ewigen Raum.

So wandern wir leise, im Schlaf und im Traum,
Durch Landschaften reich, in Licht und in Glanz,
Die Seelenträume führen uns, heilender Baum,
Zu dem Ort, wo der Frieden im Inneren tanzt.

Flüsternde Gedanken

In der Nacht, so still und klar,
Hör ich Stimmen, wunderbar,
Flüstern leise, sacht im Wind,
Träumen, die in mir sind.

Sterne blinken, Augen weit,
Gefühle tanzen, federleicht,
Gedanken fliegen, frei und wild,
Wie ein unsichtbares Bild.

Der Mond lächelt milde zu,
Hüllt uns ein in sanfte Ruh,
Flüstern, das den Geist bewegt,
Uns in ferne Welten trägt.

Träume weben gold'nes Netz,
Vergangenheit, noch nicht vergess,
Gedanken, flüsterleise Schar,
Schweben durch die Zeiten, klar.

Zauber der Stille

Wenn die Welt in Schweigen fällt,
Und der Hauch des Friedens schwellt,
Spür ich einen Zauber hier,
Der berührt das Herz in mir.

Leises Rascheln durch das Laub,
Flüsternd durch den stillen Staub,
Zauberhaft und unerkannt,
Stille hält uns leicht umspannt.

Wellen plätschern, klar und rein,
Führen uns ins Dahinsein,
Stille spricht in sanftem Klang,
Zarter, himmlisch feiner Sang.

Der Morgen bricht, erwacht das Blau,
Doch der Zauber bleibt genau,
Führt uns durch den ganzen Tag,
Mit einer Stille, die ich mag.

Verborgen im Schatten

In den Tiefen, still und kalt,
Wo der Schatten sich entfaltet,
Liegt ein Zauber, gut versteckt,
Der die Seele zart erweckt.

Finst're Zweige, moosbedeckt,
Flüstern, was im Dunkel steckt,
Geheimnisvoll und tief verborgen,
Ungeahntes Leben morgen.

Schattenspiele, wild und frei,
Bilden Bilder, flüchtig, neu,
Eine Welt in Grau und Schwarz,
Doch mit einem starken Herz.

Schritte hallen, sacht und lind,
Durch den kühlen Abendwind,
In den Schatten, wohlbehagen,
Sich die Träume still entfalten.

Leis im Herzen

Sanftes Raunen in der Brust,
Still in alle Adern fließt,
Leis im Herzen, lieblich zieht,
Hoffnung, die uns nie verließ.

Hauch von Liebe, still und warm,
Hält mich fest in ihrem Arm,
Leis im Herzen, tief und klar,
Schlägt es ruhig, wunderbar.

Flüstern, das die Seele küsst,
Kennt die Wege ohne List,
Leis im Herzen, sanftem Mut,
Hoffnung, die vor allem tut.

Seele baumelt im Gedanken,
Hüllt sich ein in weiches Tanken,
Leis im Herzen, ewig schön,
Wird das Leben zart vergehn.

Der Klang der Träume

In Nächten still und leise,
Weben Träume ihren Lauf.
Durch Wolken, sanft wie Reise,
Wacht das Herz nun auf.

Die Melodien, zart und rein,
Erklingen ungestört.
Im Schlaf, da sind wir klein,
Doch Seele wird erhört.

Des Mondes Schein erhellt,
Die Pfade, die wir gehen.
In ferner Sternenzelt,
Viel' Wunder wir erspähen.

Und Dämmerung erzählt,
Von Wünschen, die wir tragen.
Im Schlaf sind wir der Held,
Können uns' re Wege wagen.

Wenn Morgenrot erwacht,
Erzählt der Geist mit Lust,
Von Nächten voller Pracht,
Voll Freiheit und voll Trust.

Unter dem Flüstern

Unter Wispern, still und sacht,
Ruht die Seele, die erwacht.
In geheimnisvoller Nacht,
Wird ein Traum zur wahren Pracht.

Blätter rauschen sanft im Wind,
Flüstern dir ein Lied geschwind.
Augen schließen, wie ein Kind,
Folgst du Echos, die erfind't.

Unter Sternen, klar und weit,
Findest du Geborgenheit.
In der Dunkelheit der Zeit,
Bis der Morgen dich befreit.

Flüstern trägt die Hoffnung fort,
Hin zum stillen Seelenort.
Wo dein Herz, im Eintracht dort,
Findet Trost und sich erholt.

Die Nacht ist wie ein Mantel tief,
Hüllt ein, was der Verstand entlief.
Und unter all dem Flüstern mild,
Fühlst du, was das Leben liebt.

Heimliche Melodie

In einer stillen, dunklen Nacht,
Erklingt so sacht, ein leises Lied.
Vom Mondeslicht und Sternenpracht,
Die Melodie, die niemals flieht.

Im Verborgenen, fern und nah,
Erhebt sich sanft der Töne Fluss.
Ein Klang, so rein und wunderbar,
Der tief im Herzen widerhallt.

Und Wellen bilden Himmelsbogen,
Die das Geheimnis tragen weit.
Ein Klingen, das noch nie gelogen,
Entfaltet sich in Ewigkeit.

Durch Traum und Nacht, die Töne ziehen,
Ein Band, das sich durch Zeiten webt.
Die Seele lauscht, kann wohl erspüren,
Was diese Melodie erhebt.

Wenn Morgengrau dem Tag verheißt,
Verschwindet leis die Symphonie.
Doch tief im Herzen, ewig weißt,
Bleibt deine heimliche Melodie.

Seelenschimmer

Ein Glitzern zart im Innern wohnt,
Wo still die Seele träumt.
Ein Schimmer, der den Geist belohnt,
Wenn das Herz in Ferne säumt.

Im Ozean der Stille sanft,
Da leuchtet ein Kristall.
Der Stern, der tief im Innern glänzt,
Ein Licht, so rein und klar wie Hall.

Gefühle fließen, bunt und rein,
Durch Räume unbetreten.
Der Seelenschimmer magisch fein,
Lässt Hoffnung neu bereden.

In Augenblicken, hell und klar,
Wird Freundschaft neu erdacht.
Ein Funke Wahrheit, wunderbar,
Erleuchtet, was uns glücklich macht.

So leuchtet's still im Innern fort,
Beruhigt des Geistes Flut.
Und bleibt ein ewig stiller Ort,
Der Seele Heim, in Licht getaucht, so gut.

Verborgene Botschaften

Zwischen den Zeilen, ganz leise vertraut,
flüstert das Blatt, was niemand erfährt.
Schweigende Worte, die keiner mehr hört,
geschriebene Zeichen, geheim und vertraut.

Hinter den Worten, da lauert die Nacht,
führt uns zum Licht, das keiner mehr sieht.
Verborgene Zeichen, die Zeit noch verschont,
mit Herz und Verstand, behutsam bedacht.

Träume durchdringen, was einmal war,
flüstern durch Schatten, die längst verflogen.
Die Zeilen wehen im Wind der Zeit,
unsichtbar bleiben sie dennoch klar.

Gesang der Seelen, ungehört ertönt,
schwingt durch die Nächte ins Ewige ein.
Im Dunkel des Herzens, die Wahrheit gefunden,
werden wir eins mit dem, was uns rühmt.

Ungehörte Wünsche

In stiller Nacht, da träumt das Herz,
von all dem Glück, das es begehrt.
Doch stumme Wünsche ungehört,
verbleiben heimlich, tief und fern.

Ein Flüstern geht durch sanfte Räume,
erfüllt die Luft, und will berühren.
Doch bleibt es still, bleibt unerfüllt,
verharrt in Sehnsucht wie in Träume.

Die Zeit verrinnt, der Tag erwacht,
doch bleibt das Herz in seiner Pein.
Nach Sternen greift es, voller Wacht,
doch bleiben sie im Dunkel, allein.

Wo Sehnen blüht und Schmerz verweilt,
da lebt die Hoffnung, dass sich's schickt.
Dass eines Tages, wenn's verweilt,
der Wunsch erhört, das Herz erquickt.

Stumme Zwiesprache

Im Schein des Mondes, da schweigt das Licht,
wird nur verschwiegen, aber nicht blind.
In stummer Zwiesprache, sanft und schlicht,
erkennt das Herz, was Worte bind.

Die Stille trägt uns immerfort,
zu jenem Ort, der Frieden schenkt.
Geheim und leise, in einem Wort,
liegt jene Ruhe, die Liebe lenkt.

Schweigsame Blicke, so tief wie Meer,
erzählen Dinge, die keiner spricht.
Im Spiegel der Seele, liebend und schwer,
kreuzt unser Sein das stille Licht.

Unsichtbar reichet Hand zu Hand,
wo Herz auf Herz in Einklang blickt.
Die Stille spricht, was laut verbannt,
und still vereint, was oft entzückt.

Flügel der Fantasie

In Gedankenflügen so weit und frei,
beschreiten wir Pfade, die niemand kennt.
Mit Flügeln der Fantasie befreit,
wird uns're Welt zu einem Traum.

Durch bunte Bilder, die Herzen kühn,
auf Wolken tanzen, im Sonnenstrahl.
Gefühl' und Farben, ein Regenbogen,
im Herzen lebend, auch ohne Zahl.

Der Sommerwind trägt uns fort,
durch Horizonte, endlos weit.
In Fantasien, da gibt es keine Norm,
wir fliegen immer, trotz Zeit und Raum.

Jede Idee, ein Lichtermeer,
durch Sternennächte zu uns spricht.
Mit Flügeln, zart und doch so klar,
hebt sich die Seele, schwebt in Licht.

Faszinierende Stille

In der Nacht, so klar und rein,
Schweigen flüstert, Hauch von Sein,
Sterne flimmern, sanft und mild,
Taucht die Welt in Stille still.

Mondlicht dringt durch Blätterdach,
Stille ruht und hält die Wacht,
Himmel glitzert, Räume weit,
Faszinierend, Nachtgekleid.

Windesrauschen durch das Gras,
Kleine Wellen, sanft und klar,
Das Herz schlägt leise, kaum gehört,
Durch die Stille sanft betört.

Bäume flüstern ihren Traum,
Sternenlichter nah und fern,
Zeit verliert sich, ist egal,
Stille fasziniert uns all.

In der Tiefe, friedlich sacht,
Ruht die Welt in stiller Pracht,
Jeder Laut scheint fern und klein,
Stille, sanft und doch so rein.

Sanfter Singsang

Zwischen Bäumen, sanfter Klang,
Vögel singen ihren Sang,
Melodie im sanften Grün,
Herzen lauschen, Träume blüh'n.

Blüten öffnen, Duft umschwebt,
Sanftes Lied im Winde bebt,
Kleiner Bach, der singen will,
Strömt durch Täler, froh und still.

Abends Licht, das sacht vergeht,
Sanft der Mond am Himmel weht,
Leise Töne, Nachtigall,
Singt von Liebe ohne Zahl.

Trost der Seele, sanfter Ton,
Fliegt durch Lüfte, federleicht,
Jedes Wesen, nah und fern,
Hört den Singsang, leuchtet gern.

Sanft und zart, die Stimmen wehn,
Füllen die Natur mit Klang,
Lebensfreude, die uns trägt,
Sanfter Singsang, der bewegt.

Inneres Flüstern

In den Tiefen meines Seins,
Klingt ein Flüstern, zart und fein,
Leise Worte, still und klar,
Führen mich zu mir, ganz nah.

Leben pulst in sanfter Welle,
Herztakt schenkt der Seele Schwelle,
Innen drin, wo Frieden ruht,
Flüstert's leise, tief und gut.

Manches Wort, so zart und fein,
Trägt die Kraft, um Trost zu sein,
Inneres Flüstern, heilend still,
Wenn die Zeit verweilen will.

Träume wecken, Sinn erhellen,
Wünsche lautlos sich erzählen,
Flüstern dringt ins Herz hinein,
Schenkt uns Ruhe, lässt uns sein.

Im Gewebe dieser Welt,
Inn'rer Klang, der uns erhält,
Flüstern führt durch Nacht und Licht,
Sanft umhüllt, verlässt uns nicht.

Der Klang meiner Seele

In der Stille hör ich ihn,
Jenen Klang, der tief in mir,
Wie ein Flüstern, das vernimmt,
Seele spricht in sanftem Hauch.

Jeder Ton, er zählt davon,
Alle Liebe, Angst und Traum,
Seele singt in ihrem Klang,
Worte klar und doch so sacht.

Durch die Räume schwingt der Laut,
Unvernehmbar, zart und fein,
Führt mich sanft durch Raum und Zeit,
Klang der Seele, tief im Kern.

Spiegel meiner tiefsten Neun,
Melodie der Innern Ruh,
Klang, der mich durchdringt und führt,
Wo die Seele Heimat find.

Hörst du auch den stillen Sang?
Deiner Seele tiefen Klang?
Lausche ihm und sei bereit,
Diese Stimme trägt Dich weit.

Zartes Rauschen

In stillen Nächten, unbewacht,
zart rauschen Blätter leis,
die Sterne blinken sanft und sacht,
bestreuen uns mit weiß.

Im Flüstern der Natur ein Wort,
das sanft ans Herz sich schmiegt,
ein Hauch von Wunden, so wie fort,
den Morgen hell besiegt.

Das Rauschen spricht von alten Tagen,
wo Märchen einst gelebt,
von Zauber, der im Herzen stark,
im Wind sich sanft erhebt.

Ein Lied, das nur der Seele klingt,
so zart und unerschütterlich,
die Zeit sich in den Reigen schwingt,
ein Ton, unendlich lich.

Durch stilles Rauschen, tief versunken,
ein Frieden reich und klar,
die Welt im Schlaf, von Glanz betrunken,
so sanft und wunderbar.

Verborgene Sehnsucht

In stiller Nacht, so leise und rein,
Flüstert ein Wunsch, so zart und fein,
Verborgene Sehnsucht, tief im Herz,
Verwoben im Sternenlicht, löst jeden Schmerz.

Ein Flüstern von Träumen, zärtlich und klar,
Verlorene Wünsche, so nah und doch fern,
In den Schatten der Nacht, verborgen und still,
Die Seele sehnt sich, wo ist ihr Ziel?

Durch die Dunkelheit, ein Schimmer erwacht,
Ein Funken der Hoffnung, in der tiefen Nacht,
Die Sehnsucht, sie brennt, so heiß und so rein,
Wird sie jemals erfüllt, oder bleibt sie allein?

Ein Blick in den Himmel, so weit und so tief,
Verborgene Sehnsucht, die niemals entschlief,
In den Sternen, da liegt unser Wunsch,
Ein Traum voll Sehnsucht, ein heimlicher Punsch.

In den Schatten der Nacht, so still und so klar,
Flüstern die Träume, und sie scheinen so nah,
Verborgene Sehnsucht, im Herzen versteckt,
In den Tiefen der Seele, so sanft und bedeckt.

Schattenflüstern

In der Dunkelheit, ein leises Singen,
Schatten flüstern, sanfte Winde bringen,
Geheimnisse fließen durch die stille Nacht,
Ein Wispern, das in der Seele erwacht.

Verborgene Stimmen, die leise rufen,
Durch die Dunkelheit, sie sanft uns besuchen,
Die Schatten erzählen von längst vergangener Zeit,
In ihren Flüstern liegt verborgene Wahrheit.

Unter dem Mond, ein geheimnisvolles Spiel,
Schatten tanzen, in einem verborgenen Ziel,
Die Flüsterstimmen, sie locken und ziehen,
In der Dunkelheit, wo Traum und Wirklichkeit fliehen.

Ein Seufzen, ein Raunen, so zart, fast vergeht,
Schatten flüstern, ein Geheimes, das besteht,
In den Ecken der Nacht, wo sie verborgen lauern,
Hört man die Stimmen, die niemals bedauern.

In der Stille der Nacht, flüstern sie uns zu,
Die Schatten und Träume, sie geben keine Ruh,
Ihre Geschichten, so alt und doch so neu,
Schattenflüstern im Dunkeln, Vergangenheit und Treu.

Worte im Schatten

Im Schatten der Nacht, Worte verhallen,
Flüstern Geheimnisse, in dunklen Hallen,
Echo vergangener Zeiten, so leise und klar,
Worte im Schatten, die nur die Seele erfahr.

Ein leiser Windhauch, trägt eine Stimme,
Im Schatten verborgen, im Dunklen bestimmt,
Verlorene Worte, die nie gesprochen,
Im Schatten der Nacht, sie sind nicht zerbrochen.

Durch die Dunkelheit, sie drücken sich aus,
Worte im Schatten, im stillen Gelaus,
Ein geheimnisvolles Flüstern, das uns erweckt,
Im Dunkel der Nacht, ist die Wahrheit versteckt.

Ein Seufzen, ein Wispern, ganz leise und klar,
Worte im Schatten, so zart und so wahr,
Sie erzählen von Liebe, von Schmerz und Mut,
Von Sehnsucht, die tief in der Seele ruht.

In der Finsternis, verborgen und rein,
Worte im Schatten, sie dringen hinein,
In Herzen und Träume, sie bleiben bestehen,
Worte im Schatten, die niemals vergehen.

Seelenmelodie

Ein leiser Klang, eine sanfte Melodie,
Tief aus der Seele, sie fließt wie Magie,
Ein Lied voller Sehnsucht, von Liebe getragen,
Seelenmelodie, die in den Herzen schlagen.

Ein Flüstern, ein Singen, im Einklang vereint,
Die Seelenmelodie, die zart unser Herz meint,
Von Träumen, von Wünschen, sie leise erzählt,
Ein Klingen, ein Singen, das niemals quält.

Im stillen Moment, in der Dunkelheit,
Seelenmelodie, die durch die Nächte schreit,
Ein Lied voller Hoffnung, ein Lied voller Licht,
Ein Klang der tief aus der Seele spricht.

Ein leiser Takt, ein zärtliches Spiel,
Seelenmelodie, die uns führt zum Ziel,
Durch Kummer und Freude, durch Schmerz und Glück,
Diese Melodie, uns immer zurück.

So hören wir sie, ob nah oder fern,
Seelenmelodie, die scheint wie ein Stern,
In den dunklen Stunden, wenn alles zerbricht,
Ist sie die Stimme, die tief aus uns spricht.

Leiser Widerhall

Im Schatten der Bäume, leiser Widerhall wandert,
Gedanken schweben leise, in Herzen sonder Furcht.
Ein Wispern in der Stille, was keiner noch erahnt,
Erinnerungen wecken, die niemals mehr verbannt.

Das Blatt fällt zart im Wind, auf Wege stiller Pfade,
Ein Lächeln aus der Ferne, sanft und ohne Frage.
Der Hauch der Zeit vergeht, doch leise klingt es nach,
Im Rhythmus der Natur, der ewige Tag erwacht.

Ein sanfter Flügelschlag, der Abendhimmel träumt,
Ein Lied aus ferner Zeit, das durch die Stille säumt.
Die Farben der Dämmerung, ein Bild aus Poesie,
Ein leiser Widerhall, vom Herzen bis zur See.

Umarmt vom Glanz des Lichts, die Dunkelheit entweicht,
Ein Stern, der still verweilt, erhellt die Nacht so leicht.
Die Melodie des Lebens, in jedem Atemzug,
Ein leiser Widerhall, im endlosen Bezug.

Vergangenheit und Zukunft, sie tanzen Hand in Hand,
Ein Kreis, der niemals endet, im ewig weiten Land.
So wandert still der Ruf, durch Flur und Himmelssaal,
Ein leiser Widerhall, des Lebens sanftes Mahl.

www.ingramcontent.com/pod-product-compliance
Lightning Source LLC
LaVergne TN
LVHW010551070526
838199LV00063BA/4939